Storie magiche di Natale

DoReMi

DoReMi è un marchio EDICART Style
Via Jucker, 28 - Legnano (MI) - Italia
Traduzione dall'inglese di *Elena Riva*

Stampato in *P.R.C.*

RINGRAZIAMENTI
Gli editori desiderano ringraziare i seguenti artisti che hanno contribuito a questo libro:
Advocate Art: Luciana Feito (Lo Schiaccianoci) e Claire Keay (La Regina delle Nevi)
Lemonade Illustration Agency: Luis Filella (I dodici giorni di Natale)
The Organisation: Yorgos Sgouros (Il primo Natale)
Risguardi: smilewithjul/Shutterstock.com

www.edicart.it

Il Primo Natale

Tanto tempo fa in una piccola città chiamata **Nazareth** viveva la giovane **Maria**, che era fidanzata con Giuseppe, un falegname.

Un giorno Maria ricevette la visita di un angelo, che le annunciò che sarebbe diventata la mamma di un bambino molto speciale: Gesù, il figlio di Dio.

L'angelo parlò in sogno anche a Giuseppe.

«Il bambino di Maria sarà il Salvatore del popolo di Dio.» gli disse.

«Dovrai crescerlo come se fosse figlio tuo.»

Poco prima che il bimbo nascesse, Maria e Giuseppe dovettero mettersi in viaggio verso Betlemme, il paese di Giuseppe, per il censimento.

C'era molta strada da fare e quando arrivarono a Betlemme era tardi. La città era piena di persone tornate a casa per essere contate.

Maria e Giuseppe si misero a cercare una locanda,

perché il bambino stava per nascere.

Provarono in molti posti, ma erano tutti pieni.

Sempre più preoccupati, bussarono all'ultima porta.

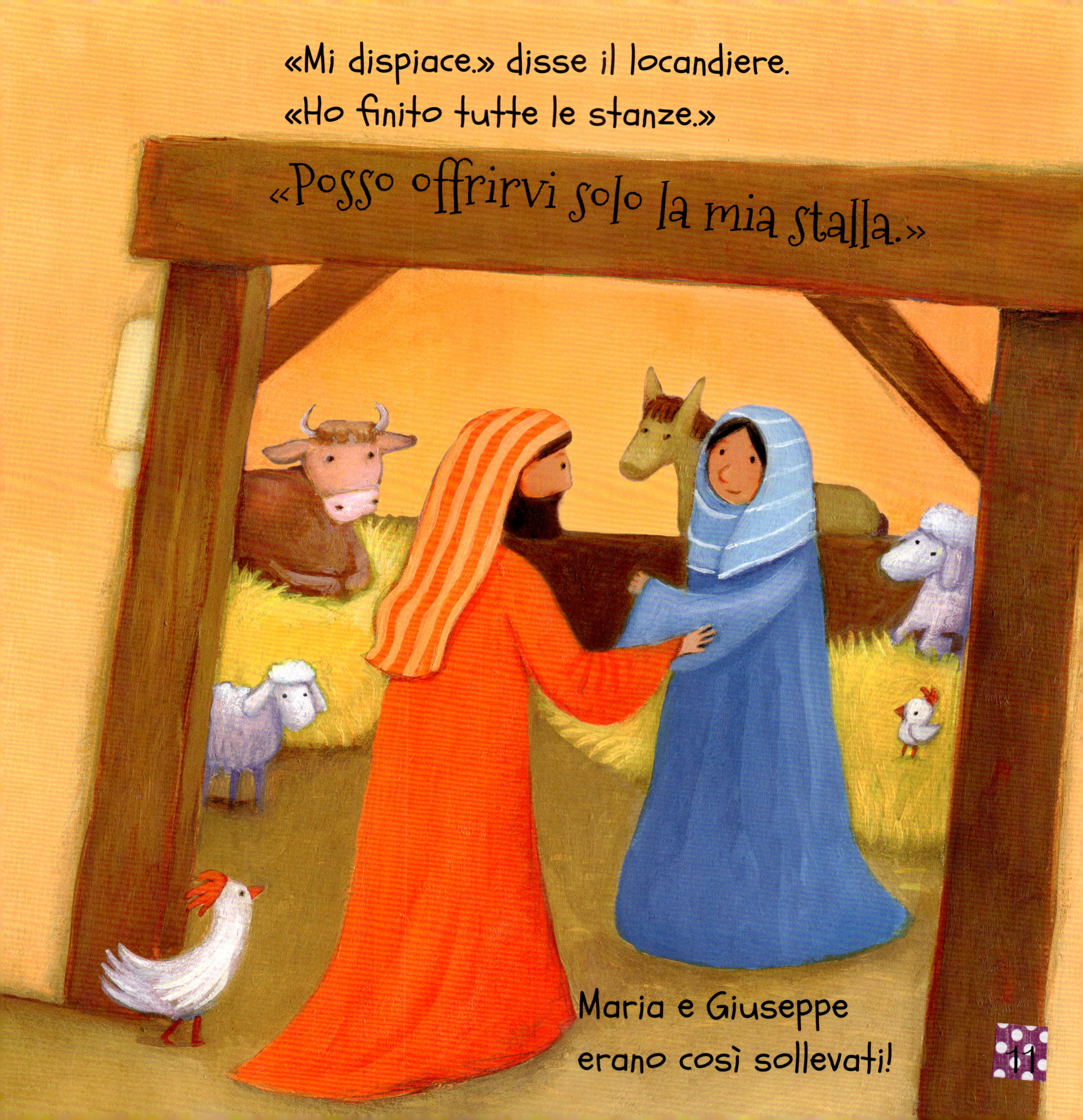

«Mi dispiace.» disse il locandiere.
«Ho finito tutte le stanze.»

«Posso offrirvi solo la mia stalla.»

Maria e Giuseppe
erano così sollevati!

Quella notte, al calduccio
tra gli animali, Maria diede
alla luce un maschietto.

Lo chiamò Gesù, come le aveva detto l'angelo. E dopo averlo avvolto con amore in un panno lo mise a dormire nella

mangiatoia.

Nel frattempo, sulle colline appena fuori Betlemme, alcuni **pastori** stavano badando alle loro pecore.

All'improvviso apparve un angelo: «Ho una notizia meravigliosa! È nato un bambino che salverà il mondo!»

Pieni di stupore, i pastori videro nel cielo centinaia di

angeli splendenti

che intonavano canti di gioia.

L'angelo disse ai pastori che avrebbero trovato il bambino a Betlemme, in una stalla. E loro corsero subito là, emozionatissimi.

Quando arrivarono videro Gesù nella mangiatoia: lui era il salvatore!

Poco dopo la nascita di Gesù, in una terra lontana, tre uomini sapienti, chiamati Magi, notarono nel cielo una nuova stella, molto più luminosa delle altre.

Sapevano bene cosa significava: era nato un bambino che sarebbe diventato il re del popolo di Dio!

Si misero immediatamente in cammino
per cercarlo, seguendo la stella.

Arrivati a Gerusalemme, i Magi furono convocati da re Erode, che aveva sentito parlare di un nuovo re... ed era molto arrabbiato!

Voleva liberarsi del rivale e ordinò loro di fargli sapere dove si trovava il bambino.

Quando i Magi raggiunsero Betlemme videro la stella brillare sopra una capanna. Entrati, si inginocchiarono davanti a Gesù e gli regalarono oro, incenso e mirra.

Nel tornare a casa però furono avvertiti in sogno di non passare dal malvagio Erode, e fecero un'altra strada.

Anche Giuseppe seppe da un angelo del pericolo e decise di portare la sua famiglia in Egitto, dove il piccolo Gesù, il salvatore del mondo, sarebbe stato al sicuro.

Schiaccianoci
e il re dei topi

Era la Vigilia di Natale e Clara osservava dalla finestra la neve che scendeva e imbiancava il cortile.

Mancava poco alla festa ed era tutto così scintillante e magico!
Suo fratello Franz e i cuginetti correvano eccitati per casa.

Finalmente arrivò anche il suo padrino, un giocattolaio che creava sempre incredibili meraviglie. «Buon Natale!» esclamò e distribuì bellissimi pacchi a tutti i bambini.

A Clara consegnò il regalo più bello di tutti. «È uno schiaccianoci molto speciale...» le sussurrò.

Aveva la forma di un soldatino, ma rompeva le noci con i denti. Franz provò a schiacciarne una, ma la mascella del povero soldato

si spezzò!

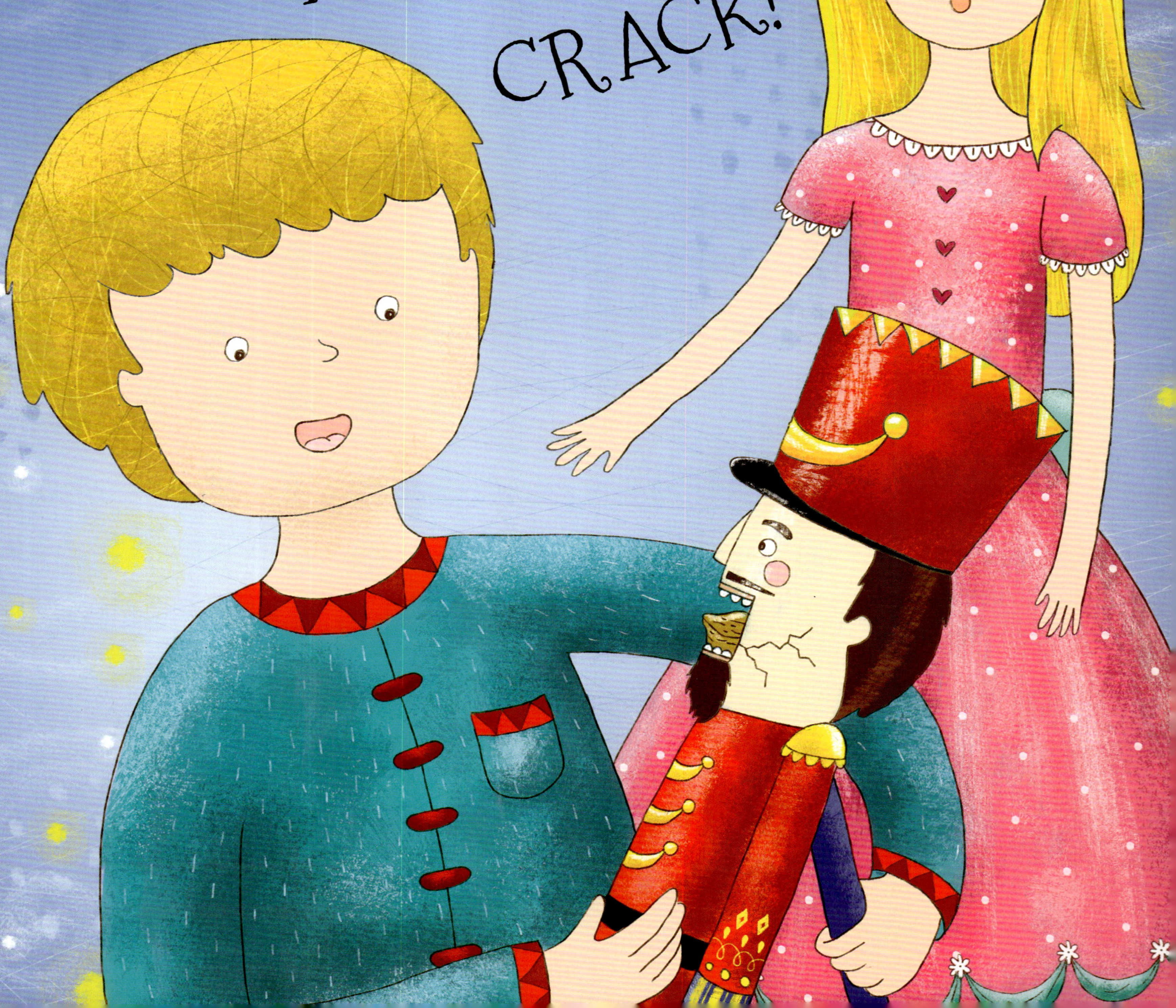

Clara scoppiò a piangere, ma il padrino legò un fazzoletto attorno alla **mandibola** dello schiaccianoci. «Domattina lo riparerò per bene.»

Quando fu ora di andare a letto, Clara posò lo Schiaccianoci sotto l'albero, insieme agli altri regali, ma non riuscì a dormire pensando al suo giocattolo rotto.

E così sgattaiolò giù per le scale e si
rannicchiò accanto all'albero
insieme al suo soldatino.
E subito si addormentò.

All'improvviso fu svegliata da un forte scricchiolio e si accorse che lo Schiaccianoci e i soldatini erano cresciuti!
«Sono il Principe Schiaccianoci.» disse il principe con un inchino.

«Sono qui per proteggerti.» aggiunse. In quell'istante si udì uno scalpiccio, e un **esercito di topi** sbucò fuori dall'oscurità!

I soldatini e il Principe sguainarono le spade mentre il Re dei Topi si lanciava alla carica. Iniziò la battaglia.

«Devo fare qualcosa...» mormorò Clara. E in mezzo a quel fragore di spade si sfilò una pantofola e la lanciò contro il Re dei Topi.

Il Re dei Topi crollò a terra.
Vi fu un attimo di silenzio, poi gli altri topi fuggirono via svelti.

Clara osservò a bocca aperta lo Schiaccianoci diventare un bellissimo Principe.

«Il tuo coraggio ha spezzato l'incantesimo del Re dei Topi!» le disse. «Sono rimasto un giocattolo per anni, ma finalmente sono libero!» E le porse la corona del Re dei Topi.

«Dobbiamo festeggiare!» esclamò il Principe chiamando a sé la sua slitta magica, mentre la camicia da notte di Clara si trasformava in un meraviglioso abito da ballo.

Il Principe e Clara volarono nel cielo stellato, sopra la candida neve, fino a raggiungere il Regno dei Dolci.

La slitta si fermò davanti a un castello.
Ad aspettarli c'era Fata Confetto.
«Benvenuti nel Palazzo di Marzapane!» esclamò.

Il Principe raccontò a **Fata Confetto** in che modo Clara lo aveva salvato. «Dobbiamo preparare un banchetto in tuo onore!» disse la fatina, battendo felice le mani.

Il banchetto era strabiliante! C'erano torte, biscotti, dolci e pasticcini arrivati da ogni angolo del mondo.

Ballerini di ogni paese
volteggiavano,
piroettavano e saltavano
tutt'attorno. Clara li fissava
piena di stupore.

Venne presto il momento dell'ultimo ballo.
Il Principe e Fata Confetto
si portarono al centro della pista ed
eseguirono un magnifico valzer.

Clara pensò che erano **bellissimi**. Si rannicchiò su un divano e osservò i ballerini e le macchioline di luce che si muovevano con loro. E lentamente i suoi occhi iniziarono a chiudersi.

Quando si risvegliò, Clara si ritrovò a casa, sotto l'albero. Il **Principe** era scomparso, ma al suo posto c'era lo schiaccianoci giocattolo, guarito, che sembrava sorridere...

La Regina delle Nevi

C'era una volta un piccolo paese dove vivevano due amici, Gerda e Kay. Si raccontavano tutto e ovunque andassero erano sempre insieme.

«Ciao, Kay!»

Gerda e Kay amavano giocare all'aperto... in primavera, estate e autunno.

Ma la loro stagione preferita era l'inverno. Nelle sere fredde, la nonna di Gerda raccontava ai due bambini le storie più belle.
Una sera parlò loro della

Regina delle Nevi.

«La Regina delle Nevi vive in un immenso palazzo di ghiaccio.» disse la nonna. «Quando la sua neve incantata ti entra nel cuore, ti dimentichi chi sei.»

Quella notte Kay non riuscì a dormire: continuava a pensare alla Regina delle Nevi.

Aprì la finestra e si mise a scrutare la strada ghiacciata.

Proprio in quel momento,
la Regina delle Nevi scagliò
un granello di neve incantata
e catturò il cuore di Kay.

L'indomani, Kay
non era più lui:
era cattivo con Gerda,
urlava alla madre e
faceva i dispetti a tutti.

Ogni giorno che passava, Kay era sempre più tremendo.
L'incantesimo della Regina delle Nevi
stava funzionando.

Poi un giorno, mentre Kay giocava da solo, un'enorme slitta scintillante apparve sulla collina.

La Regina delle Nevi era venuta a prenderlo e portarlo nel suo regno.

Quando Gerda andò a cercarlo, Kay era scomparso. L'amica lo cercò ovunque, ma Kay non era più al villaggio.

Gerda era sicura che a rapirlo fosse stata la Regina delle Nevi. E si mise in cammino per ritrovarlo.

Dopo molte miglia, Gerda incontrò un corvo.

«Ho visto il tuo amico.» le disse il corvo. «È con la Regina delle Nevi, nel suo castello.»

Gerda seguì il corvo nel fitto di una foresta. Ma all'improvviso incappò in una banda di **briganti** che, credendola ricca, la derubarono e la portarono nel loro covo.

Rinchiusa nel fienile, Gerda fece amicizia con una ragazzina, la figlia del capo, che le mostrò i suoi amati animali.

Gerda le raccontò del suo amico Kay, e quella notte stessa la **figlia del brigante** l'aiutò a **fuggire** per riprendere il suo viaggio.

La ragazzina le diede da cavalcare la sua renna preferita e le regalò un caldo mantello.

«La mia renna ti condurrà al Palazzo di Ghiaccio!» le disse.

Per giorni e giorni, Gerda e la renna attraversarono **boschi immensi** e si inerpicarono su ripidi pendii innevati.

E alla fine, intirizzita ed esausta, Gerda arrivò al magnifico Palazzo di Ghiaccio della regina.

Gerda era molto spaventata, ma voleva tanto bene a Kay e sentiva la sua mancanza. E così aprì la porta del castello ed entrò.

Seduto sul pavimento ghiacciato, in mezzo a una stanza gelida, c'era proprio Kay... Ma fissava il vuoto e non la riconobbe!

«Oh, Kay!» gridò Gerda, cadendo sulle ginocchia. «Come posso aiutarti?» Ma Kay non si muoveva Sfinita, la bambina si rannicchiò accanto all'amico e pianse fino ad addormentarsi.

Mentre dormiva, le sue lacrime **riscaldarono** le mani di Kay. Il ghiaccio iniziò a sciogliersi e **l'affetto di Gerda per Kay** dissolse l'incantesimo!

All'improvviso Gerda sentì che Kay la stava abbracciando stretta.

«Mi ricordo di te!» esclamò Kay, e i due amici del cuore corsero via ridendo dal Palazzo di Ghiaccio ormai sciolto.

I Dodici giorni di Natale

Il 1° giorno di Natale
ho avuto un dono speciale,
davvero:

una pernice sul pero!

Il 2° giorno di Natale
ho avuto un dono speciale,
davvero:

due tortorelle
e una pernice sul pero!

Il 3° giorno di Natale
ho avuto un dono speciale,
davvero: **tre** gallinelle,
due tortorelle,

e una pernice sul pero!

Il 4° giorno di Natale
ho avuto un dono speciale,
davvero:
quattro uccelli in coro,

tre gallinelle,
due tortorelle
e una pernice sul pero!

Il 5° giorno di Natale
ho avuto un dono speciale,
davvero:

cinque anelli d'oro,
quattro uccelli in coro,

tre gallinelle,
due tortorelle
e una pernice sul pero!

Il 6° giorno di Natale
ho avuto un dono speciale,
davvero:

Sei oche pazienti,
cinque anelli d'oro,
quattro uccelli in coro,

tre gallinelle,
due tortorelle
e una pernice sul pero!

Il 7° giorno di Natale,
ho avuto un dono speciale,
davvero:

Sette cigni lucenti,
Sei oche pazienti,

cinque anelli d'oro,
quattro uccelli in coro,
tre gallinelle,
due tortorelle
e una pernice sul pero!

L'8° giorno di Natale
ho avuto un dono speciale,
davvero:

otto mungitrici,
sette cigni lucenti,
sei oche pazienti,

cinque anelli d'oro,
quattro uccelli in coro,
tre gallinelle,
due tortorelle
e una pernice sul pero!

Il 9° giorno di Natale
ho avuto un dono speciale,
davvero:

nove danzatrici,
otto mungitrici,
sette cigni lucenti,
sei oche pazienti,

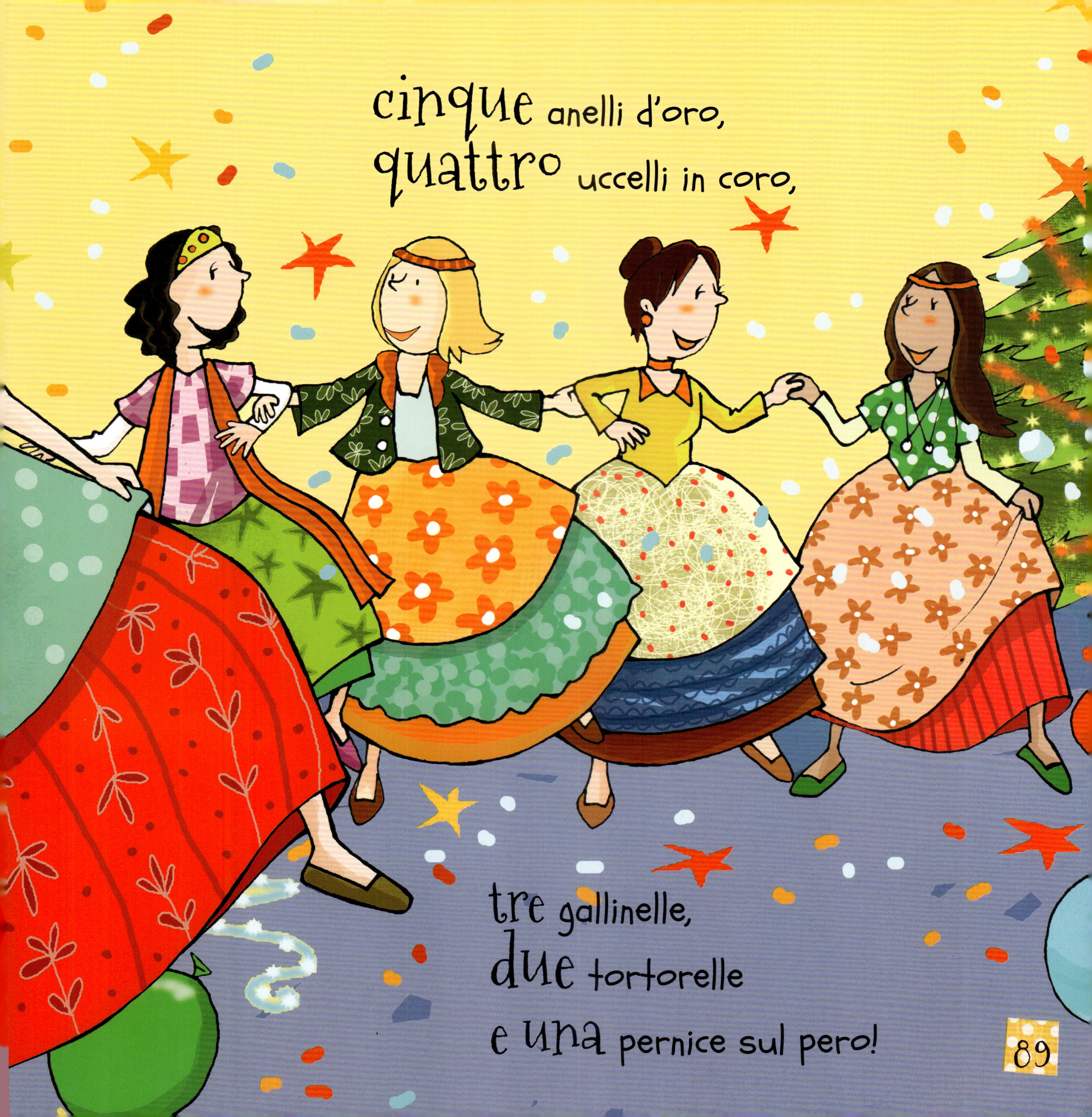

cinque anelli d'oro,
quattro uccelli in coro,

tre gallinelle,
due tortorelle
e una pernice sul pero!

Il 10° giorno di Natale
ho avuto un dono speciale,
davvero:

dieci saltatori,

nove danzatrici,
otto mungitrici,
sette cigni lucenti,
sei oche pazienti,

cinque anelli d'oro,
quattro uccelli in coro,
tre gallinelle,
due tortorelle
e una pernice sul pero!

L'11° giorno di Natale
ho avuto un dono speciale,
davvero:

undici suonatori,

dieci saltatori
nove danzatrici,

otto mungitrici,
sette cigni lucenti,
sei oche pazienti,
cinque anelli d'oro,
quattro uccelli in coro,
tre gallinelle,
due tortorelle
e una pernice sul pero!

Il 12° giorno di Natale
ho avuto un dono speciale,
davvero: dodici tamburini,

undici suonatori,
dieci saltatori,
nove danzatrici,
otto mungitrici,

Sette cigni lucenti,
sei oche pazienti,
cinque anelli d'oro,
quattro uccelli in coro,

tre gallinelle,
due tortorelle
e una pernice sul pero!

1
2
3
4
5
6
7
8
9
10
11
12